CUTE PETS TRAGEN MAGNETA

AUTOREN / BILDER / COVER

DIRK L. FEILER

TANJA FEILER

KUNSTWERKE IN PETCITY

DA BALD EIN NEUES GESCHAEFT EROEFFNET, HABEN KUENSTLER EINIGES IN DER STADT GEBAUT. SELBST DER BRUNNEN, AUF DEM DIE CUTE PETS

RASTEN —
DIESESMAL IST
AUCH KITTY MIT
DABEI — IST MIT
VIELEN EIMERN
BESTUECKT. DER
BUMMEL NACH
PETCITY AUCH
WENN DAS GELD
KNAPP IST — ALIEN
HAT JA LETZTE
WOCHE ZUM

ZWEITEN MAL EIN
ZWEISTUENDIGES
VIRTUELLES
STRANDMEER
DURCH   DEN
PROTOTYP   EINER
MASCHINE
GEMACHT   —
MICHELLE,
HAESCHEN, ANGELA,
ANGELINA,   KITTY
HABEN EIN NEUES

BUEHNENOUTFIT
ENTWICKELT, DAS
ABER AUCH FUER
NORMAL IST.
MAGNETA IST DIE
FARBE. HERR
FEILER HAT EINEN
FARBCODE IM
LETZTEN JAHR IN
EINEM SOZIALEN
NETZWERK
GEPOSTET,

SEITDEM HABEN ALLE DIESEN CODE UND MAGNETA HEISST DIE FARBE, DIE TOTAL IN IST. ALSO HABEN DIE GIRLS DER MUSIKER WG FUER ALLE KLEIDUNG GENAEHT.

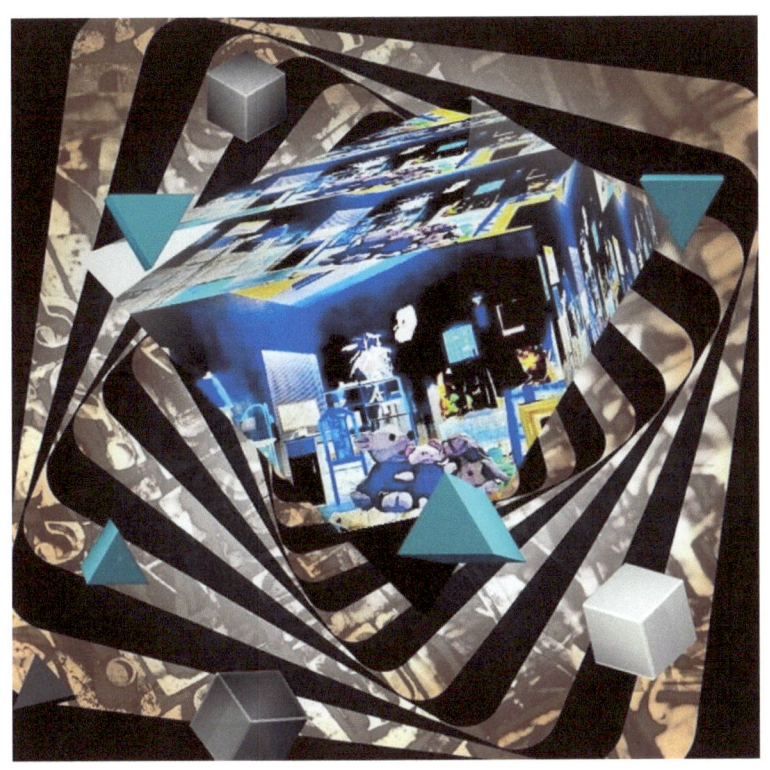

BEPACKT MIT EINER FLASCHE ZITRONENTEE UND BROT GEHT ES WIEDER RICHTUNG NACHHAUSE. DER BUMMEL HAT KITTY TOTAL GUT GEFALLEN. SIE GEHT NORMALERWEISE

NICHT SO GERN NACH DRAUSSEN.

CUTE PETS IN LOVE

KITTY UND SAMMY SIND DIE EINZIGEN SINGLES IN DER WG. MICHELLE UND X SIND EIN EHEPAAR EBENSO DIE HEIMLICH GEHEIRATET HABEN: MAEHI UND

ANGELINA. ANGELA UND ALIEN SIND VIEL ZUSAMMEN IN LETZTER ZEIT - ES HAT GEFUNKT. ALIEN NIMMT DIE KLEINE ANGELA OFT IN DIE ARME. UND SOGAR DER EHER ZURUECKHALTENE GOOD PET, DER

JAHRELANG EIN BOESES KUSCHELTIER WAR, FINDET HAESCHEN WUNDERSCHOEN. UND HAESCHEN, DIE AUCH SEHR SCHUECHTERN IST, ABER EINE AUSGEZEICHNETE WISSENSCHAFTLER IN IST SOWIE

BUCHAUTORIN WIE GOOD PET FINDET GOOD PET KLASSE. MAEHI HAT SICH EIN WENIG GEWUNDERT, DASS KITTY NICHT SAUER WAR. SCHLIESSLICH SIND MAEHI UND KITTY SCHON JAHRELANG

FREUNDE. UND
DANN HEIRATET ER
MICHELLE, DOCH
FUER KITTY IST
DAS KEIN PROBLEM.
ALLE SIND
FREUNDE UND
KITTY ZIEHT SICH
OFT ZURUECK. DA
SIE SICH EBENSO
FUER SOZIALE
PROJEKTE

ENGAGIERT WIE SAMMY CHATTEN DIE BEIDEN AUCH AUSSERHALB DER WOECHENTLICHEN CHATSTUNDE ZUSAMMEN. AUSSERDEM GIBT'S DA NOCH DIE SAMSTAG PUNKT 15 UHR STATTFINDENDE

GESPRAECHSRUNDE INTERN.

EHELEUTE
MICHELLE UND X

EHEPAAR NR. 2
ANGELINA UND
MAEHI.

SING THE DAYCARESONG ALL TIME LONG